Mias

süße
Kleinigkeiten

ALIAS

die Küchenchaotin

süße

Kleinigkeiten

Rezepte der
Küchenchaotin

Jan Thorbecke Verlag

VERLAGSGRUPPE PATMOS

PATMOS
ESCHBACH
GRUNEWALD
THORBECKE
SCHWABEN

Die Verlagsgruppe
mit Sinn für das Leben

Für die Schwabenverlag AG ist Nachhaltigkeit
ein wichtiger Maßstab ihres Handelns.
Wir achten daher auf den Einsatz umwelt-
schonender Ressourcen und Materialien.

Gestaltung: Finken & Bumiller, Stuttgart
Fotos: Mia Hoechst, Franzi Schädel
(Covervorderseite, S. 90/91),
Ines Möller (S. 7, S. 70/71, S. 134)
Druck: Himmer AG, Augsburg
Hergestellt in Deutschland
ISBN 978-3-7995-0585-7

Inhalt

Süßes aus der Chaosküche

Als ich am 16.1.2012 mein Foodblog www.kuechen chaotin.de startete, tippte ich folgende Zeilen in die »Über mich«-Seite:

»Der ganz große Traum? Irgendwann ein Buch mit meinem Namen auf dem Einband in den Händen zu halten! Bis dahin kann ich hier ja schon mal üben.«

Das Aufsetzen meines Blogs war ganz schön aufregend, und ich hätte nicht gedacht, dass ich jemals aufgeregter so ein paar Wörter tippen würde. Aber ich muss sagen: Das hier toppt alles. Ich habe getippt und gelöscht und getippt und gelöscht und getippt und gelöscht. Ungefähr 29351 Mal. Und ich weiß immer noch nicht, wo ich mit diesem Vorwort anfangen soll. Vielleicht ganz am Anfang?

Mein Name ist Mirja – Freunde dürfen mich aber Mia nennen – und ich wohne mit einer Katze namens Brunhilde in Kiel, wo ich sehr viel Zeit in meiner kleinen Küche verbringe. Für zwei Dinge brennt mein Herz: gutes Essen und tolle Fotos. Deshalb verbringe ich damit auch die meiste Zeit. Hauptberuflich bin ich Fotografin und nebenbei bin ich seit ein paar Jahren als »Küchenchaotin« im Internet unterwegs. Dafür kreiere ich Rezepte, die ich anschließend zubereite, fotografiere, vernasche und auf mein Blog stelle.

Irgendwann kam eine Mail. »Ein Buch?« war der Betreff. Ich dachte mir nicht viel dabei, öffnete die Mail und – schwupps – war meine Welt auf den Kopf gestellt. Ein bisschen später legte ich kiloweise Mehl, Zucker und Butter auf die Laufbänder unterschiedlicher Geschäfte meines Vertrauens.

Ich rührte, knetete, richtete an, vernaschte kiloweise süße Kleinigkeiten, war zufrieden – oder machte es noch mal – und tippte, bis die Tasten glühten.

Zwischendurch war es nicht immer einfach, aber was bleibt, ist nur eins: Glück. Pures Glück! Denn hier ist es. Das Buch! Eine unfassbare Menge an Liebe, Muße und Zeit ist in den letzten Monaten in dieses Projekt geflossen. Und alles hat seinen Platz gefunden: heißgeliebte Kindheitserinnerungen genauso wie eine gehörige Portion »neumodischer Krams«.

Ich hoffe, dass es dir gefällt und die ein oder andere süße Kleinigkeit dein Herz so erobert wie meins. Guten Appetit,

1.

Auf die Hand!

»Auf die Hand?« Genau! Auf die Hand!
Tellerchen sind hier fehl am Platz, denn in diesem Kapitel finden sich lauter süße Kleinigkeiten, die blitzschnell direkt aus der Hand in den Mund wandern wollen.

Und sie passen in jede Situation. Auf dem Sofa? Na klar! Bei der Arbeit? Ganz sicher. Gerade auf dem Sprung? Immer her damit!

Mein Idealbild: Ein Schokotäschchen links, ein Trüffelchen rechts und noch ein kleiner Proviant-Kaffeekeks in der Handtasche. Und das Allerbeste: Weil alles auf den folgenden 20 Seiten blitzschnell vernascht ist, kann man auch ruhig zweimal zugreifen. Oder dreimal. Oder achtmal! Aber pssst!

(Dieser Text wurde in einem Zustand der Glückseligkeit mit einer Scheibe Schokoladensalami zur Linken und einer ganzen Menge Erdnussbutterkekse im Bauch geschrieben.)

Kleine Brioches
mit Brombeerbutter

Allein der Geruch von frischem Brioche lässt mich vor Verzückung glucksen. Und weil diese süßen, kleinen Brioches garantiert gelingsicher sind, gibt es hier regelmäßig Glückskonzerte! Dazu braucht es nicht viel – deshalb reiche ich am liebsten eine Beerenbutter dazu!

Die Butter für die Brioches schmelzen, 50 ml Milch hinzugeben und lauwarm erhitzen. Die Hefe und 1 Teelöffel Zucker hineinschütten und gut verrühren, bis sich die Hefe aufgelöst hat. ★ In einer Schüssel das Mehl, das Salz und den restlichen Zucker vermischen und eine kleine Mulde in die Mitte drücken. Das Milch-Hefe-Gemisch in die Mulde geben und mit etwas Mehlmischung vermengen. Danach alles vollständig mit der Mehlmischung bedecken, ein Geschirrtuch über die Schüssel legen und den Teig ca. 15 Minuten lang an einem warmen Ort gehen lassen. ★ Währenddessen die Muffinform ausfetten und bemehlen. ★ Das Mark der ½ Vanilleschote auskratzen und zusammen mit der restlichen Milch zum Hefegemisch geben. Alles mit den Knethaken eines Handrührgeräts mindestens 5 Minuten lang rühren und zu einem glatten Teig verarbeiten. ★ Danach erneut mit dem Geschirrtuch abdecken und an einem warmen Ort ca. 30 Minuten lang gehen lassen, sodass der Teig sich verdoppeln kann. ★ Eine Arbeitsplatte mit Mehl bestäuben und den Teig daraufgeben. Er muss in 9 Teile geteilt werden. Diese 9 Teile noch einmal in jeweils 3 gleich große Stücke teilen. Diese zu Bällchen formen und jeweils zu dritt in eine Mulde der Muffinform drücken. Die Muffinform abdecken und den Teig ein letztes Mal ca. 15 Minuten gehen lassen. ★ Währenddessen den Ofen auf 175 °C vorheizen. ★ Das Eigelb und einen kleinen Schuss Milch verrühren, die Brioches vorsichtig damit einpinseln und ca. 15 Minuten lang backen. ★ Die Brombeeren sehr klein schneiden und zusammen mit der Butter und dem Vanillezucker so lange cremig rühren, bis die Butter eine satt-lila Farbe angenommen hat. Zusammen mit den lauwarmen Brioches servieren. ★ **Fertig!**

ZUTATEN

Für die Brioches
35 g Butter
100 ml + 1 Schuss Milch
1 Päckchen Trockenhefe
35 g + 1 TL Zucker
250 g Mehl
1 Prise Salz
1 Ei (Größe M)
½ Vanilleschote
1 Eigelb

Für die Brombeerbutter
7–10 Brombeeren
125 g zimmerwarme Butter
1 Päckchen Vanillezucker

9 kleine Brioches

Erdnussbutter-
Frühstückskekse

**Als bekennender Frühstücksmuffel kommen mir diese
Kekse gerade recht. Denn von Keksen aus Haferflocken
und Erdnussbutter kann man ruhig auch schon morgens einen verdrücken. Oder zwei. Oder fünf!**

Den Ofen auf 175 °C vorheizen. ★ Die Vanilleschote der Länge nach
aufschneiden und das Mark herauskratzen. ★ Nun die Erdnussbutter
mit dem braunen Zucker, dem Salz und dem Vanillemark cremig
verrühren. Die Eier nacheinander hinzugeben und so lange weiterrühren, bis eine glatte Masse entstanden ist. ★ Anschließend die Haferflocken ebenfalls vorsichtig unterrühren. ★ Jeweils 1 Esslöffel des
zähen, klebrigen Teigs abstechen und mit den Händen zu einer Kugel
formen. Die Kugeln auf ein mit Backpapier belegtes Backblech setzen
und leicht flach drücken. ★ Die Kekse können ruhig dicht beieinander
10–15 Minuten lang im vorgeheizten Ofen gebacken werden – sie
verlaufen nicht! ★ **Fertig!**

ZUTATEN

½ Vanilleschote
180 g cremige Erdnussbutter
110 g brauner Zucker
1 Prise Salz
2 Eier
200 g kernige Haferflocken

ca. 14 Kekse

Gefüllte Quarktäschchen

ZUTATEN

250 g Butter
250 g Quark
250 g Mehl
18–20 gehäufte EL Nuss-Nougat-Creme oder Konfitüre nach Wahl
1 Eigelb

ca. 18–20 Quarktäschchen

Dieses Rezept ist eines der ersten, das ich als Kind kennengelernt habe, und die Täschchen waren schon damals mein absoluter Liebling auf der Kaffeetafel. Und zum Frühstück. Und als Betthupferl. Und zwischendurch! Ein Klassiker, der für mich nie seinen Reiz verlieren wird!

Butter, Quark und Mehl zügig zu einem glatten Teig verkneten, zu einer Kugel formen und in Frischhaltefolie einschlagen. Der Teig muss so im Kühlschrank mindestens 1 Stunde lang ruhen. ★ Den Ofen auf 175 °C vorheizen. ★ Den Teig auf einer großen, bemehlten Arbeitsfläche ca. 0,5 cm dick ausrollen. Mit einem sehr großen Glas oder einer kleinen Schüssel Kreise von ca. 11–12 cm ausstechen. ★ In die Mitte jeweils 1 gehäuften Teelöffel der gewünschten Füllung geben und die Tasche umschlagen. Den Rand vorsichtig festdrücken – erst mit den Fingern, dann mit den Zinken einer Gabel. ★ Den übriggebliebenen Teig erneut ausrollen und -stechen, bis nichts mehr übrig ist. ★ Das Eigelb verrühren, die Täschchen dünn damit bestreichen und ca. 25–30 Minuten lang im vorgeheizten Ofen backen. ★ **Fertig!**

Kleine Pavlovas mit frischen Beeren

Ich finde, kaum etwas macht sich schöner auf einer Kaffeetafel als eine reich belegte Pavlova. Aber wer kriegt das größte Stück? In der Miniversion bekommt jeder ein eigenes kleines Kunstwerk auf dem Teller. Und mitnehmen lässt sie sich so auch viel besser!

Den Ofen auf 175 °C vorheizen. ★ Die Eiweiße steif schlagen und den Zucker einrieseln lassen. Sobald die Masse anfängt zu glänzen, die Stärke, den Essig und den Vanilleextrakt hinzugeben und alles noch einmal einige Minuten schlagen. ★ Auf ein mit Backpapier ausgelegtes Backblech 8 Kleckse der Eiweißmasse setzen. In jeden Klecks mit einem Löffel eine leichte Mulde in die Mitte drücken. ★ Das Backblech eine Schiene unter der mittleren in den Ofen schieben und die Pavlovas ca. 50 Minuten lang backen – die Schalen sind fertig, wenn sie außen knusprig sind und hohl klingen, wenn man daran klopft. Damit sie nicht zu viel Farbe bekommen, können sie mit einem Bogen Backpapier abgedeckt werden. ★ Den Ofen ausschalten, einen Kochlöffel in die Ofentür stecken, sodass ein kleiner Spalt offen bleibt, und die Meringue-Schalen im Ofen komplett auskühlen lassen. ★ Anschließend die Sahne mit dem Vanillezucker steif schlagen. 175 g der Beeren mit 1 Esslöffel Zucker fein pürieren. Nun die Sahne auf den Pavlovas verteilen und mit den restlichen Beeren und der Beerensauce garnieren. Am gleichen Tag servieren! ★ **Fertig!**

ZUTATEN

4 Eiweiß (Größe M)
175 g + 1 EL Zucker
1 ½ TL Speisestärke
1 TL Weißweinessig
einige Tropfen Vanilleextrakt
300 g Sahne
1 Päckchen Vanillezucker
500 g frische Beeren nach Wahl

8 kleine Pavlovas

Mini-Windbeutel

ZUTATEN

Als Kind habe ich die Hälften dieser »Windbüddel« heimlich vom Backblech stibitzt, wenn meine Mama sich umgedreht hat. Und wenn ich sie heute nach Originalrezept selbst backe, wandert immer noch mindestens einer ungefüllt in meinen Bauch. Schwund ist immer! Dabei lohnt es sich so sehr, bis zur Füllung durchzuhalten!

Für den Brandteig
250 ml Wasser
50 g Butter
1 Prise Salz
150 g Mehl
3–4 Eier

Für den Überzug und die Füllung
200 g Zartbitterkuvertüre
250 g Sahne
1 Päckchen Vanillezucker
1 EL Zucker
1 Päckchen Sahnesteif

ca. 20–25 Stück

Den Ofen auf 220 °C vorheizen. ★ Das Wasser mit der Butter und dem Salz in einem Topf aufkochen. Nun das Mehl hinzugeben und kräftig rühren, bis sich der Teig als Kloß vom Boden löst. Den Teigkloß kurz von allen Seiten »abbrennen« lassen und ein Ei kräftig unterrühren, bis der Teig wieder glatt ist. ★ Anschließend den Topf vom Herd nehmen und die restlichen Eier nacheinander durch kräftiges Rühren in den Teig einarbeiten. ★ Ein Backblech mit Backpapier auslegen und aus dem Brandteig mithilfe zweier Teelöffel kleine Tupfen auf das Blech setzen. Der Abstand zwischen den Tupfen sollte recht groß gewählt werden, da die Windbeutel um das Zwei- bis Dreifache des Teigvolumens aufgehen werden. ★ Auf den Boden des Backofens eine mit Wasser gefüllte Schüssel stellen und die Windbeutel ca. 20–30 Minuten lang backen, bis sie weit aufgegangen sind und eine goldbraune Farbe angenommen haben. Während des Backvorgangs darf die Ofentür nicht geöffnet werden, sonst fällt der Teig zusammen! ★ Danach die Windbeutel mithilfe einer Schere aufschneiden und komplett auskühlen lassen. ★ Die Kuvertüre über einem heißen Wasserbad schmelzen, die obere Hälften der Windbeutel damit überziehen und trocknen lassen. ★ Anschließend die Sahne mit dem Vanillezucker, dem Zucker und dem Sahnesteif schlagen und die Hälften damit befüllen. ★ **Fertig!**

Tipp: Die Windbeutel lassen sich auch prima mit Obst und anderen Cremes füllen!

Miniwaffeln
mit Schokolade

Das perfekte Waffelrezept ist eine Wissenschaft für sich. Mein liebstes Rezept ist dieses hier, dass ich zusätzlich noch mit Schokoladentropfen versehen habe. Die Tropfen bleiben meistens noch leicht flüssig, wenn die Waffeln schon langsam ausgekühlt sind – perfekt für Schokoschnuten wie mich!

Die Butter mit dem Zucker schaumig schlagen. Die Eier und den Vanillezucker hinzugeben und rühren, bis ein glatter Teig entsteht. ★ Nun nach und nach abwechselnd das Mehl und die Milch hinzugeben. Anschließend das Backpulver und ganz zum Schluss die Schokoladentropfen in den Teig rühren. ★ Das Waffeleisen vorheizen und mit etwas Butter fetten. ★ Nun die Waffeln nacheinander im Waffeleisen ausbacken. Für Miniwaffeln immer nur 1 Teelöffel voll Teig nehmen! ★ Mit etwas Puderzucker bestäubt servieren. ★ **Fertig!**

ZUTATEN

100 g zimmerwarme Butter
100 g Zucker
2 Eier
2 TL Vanillezucker
200 g Mehl
200 ml Milch
1 TL Backpulver
75 g backfeste Schokoladentropfen
etwas Butter zum Ausfetten
des Waffeleisens
etwas Puderzucker zum Bestäuben

viele kleine oder 8 große Waffeln

Honig-Zimt-Trüffel

Ein Trüffelchen in Ehren kann niemand verwehren! Ich gebe zu, dass dieses Rezept ein bisschen arbeitsaufwendiger ist, aber wer sich der Herausforderung stellt, wird mit purem Schokoladenglück und einer Schokoladenschnute beim regelmäßigen Probieren der Masse belohnt!

ZUTATEN

150 g Vollmilchkuvertüre
250 g Zartbitterkuvertüre
2 EL Honig
1 TL Zimt
100 g Sahne
25 g Butter
Kakaopulver zum Wälzen

ca. 30 Trüffel

Die Vollmilchkuvertüre und 150 g Zartbitterkuvertüre hacken. Nun die Sahne aufkochen, vom Herd nehmen und die Schokolade darin langsam schmelzen. Den Honig und den Zimt ebenfalls hinzugeben. Die Schoko-Sahne-Mischung im Topf auf Zimmertemperatur abkühlen lassen, mit Frischhaltefolie abdecken und über Nacht stehen lassen. ★ Am nächsten Tag die Ganache mit dem Handrührer luftig aufschlagen und nach und nach die Butter in Flöckchen daruntergeben. ★ Die restliche Zartbitterkuvertüre über einem heißen Wasserbad schmelzen und leicht abkühlen lassen. ★ Aus der Ganache kleine Pralinen formen und diese mit der geschmolzenen Schokolade überziehen. Die Trüffel sofort in Kakaopulver wälzen und anschließend bis zum Verzehr kühl aufbewahren. ★ **Fertig!**

Tipp: Das Trüffel-Rezept ist sehr vielseitig! Im Winter mische ich z. B. ein bisschen Lebkuchengewürz hinzu, auch Vanillemark macht sich sehr gut darin, und wer ein bisschen Knusper mag, der kann sie statt in Kakaopulver in Krokant, Zucker oder Kokosraspeln wälzen.

Schokoladensalami

Salami ist mir eigentlich ziemlich Wurscht. Außer dieser hier – die kann gerne öfter auf meinem Tellerchen landen!

Die Schokoladen über einem heißen Wasserbad schmelzen und gut mit dem Zimt verrühren. ★ Anschließend die Pistazienkerne, die Mandeln, die Haselnusskerne und die Butterkekse grob hacken und unter die Schokolade heben. Die Mischung für ca. 30 Minuten in den Kühlschrank stellen. ★ Einen Bogen Alufolie auf die Arbeitsfläche und darauf einen Bogen Butterbrotpapier legen. Die Schokoladenmasse darauf verteilen und alles zu einer festen »Wurst« zusammenrollen. Die Schokoladensalami mindestens 5–6 Stunden lang im Kühlschrank komplett durchkühlen lassen. ★ Danach vorsichtig auswickeln und mit dem Puderzucker einreiben. Vor dem Anschneiden einige Zeit bei Zimmertemperatur stehen lassen und ein sehr scharfes Messer dafür verwenden! ★ **Fertig!**

ZUTATEN

150 g Zartbitterkuvertüre
200 g Vollmilchschokolade
1 Prise Zimt
1 Handvoll Pistazienkerne
1 Handvoll blanchierte Mandeln
1 Handvoll Haselnusskerne
5 Butterkekse
1 EL Puderzucker

1 Salami

Scones mit Kirschen

Ja, ich gebe es zu: Diese Scones sehen eher unscheinbar aus. Aber die saftigen Kirschstückchen im schnellen Teig haben mir so den Kopf verdreht, dass ich euch das Rezept einfach nicht vorenthalten kann.

Die Kirschen waschen, halbieren, den Kern und ggf. den Stiel entfernen, mit 1 Esslöffel Mehl vermengen und beiseitestellen. ★ Den Ofen auf 225 °C vorheizen. ★ Mehl und Backpulver in eine Schüssel sieben. Das Salz, den Zucker und den Vanillezucker hinzugeben. Die Butter mit den Händen untermischen, bis ein krümeliger Teig entstanden ist. Nun so viel Milch hinzugeben, dass ein zäher, leicht klebriger Teig entsteht. Zum Schluss die Kirschen vorsichtig in den Teig einarbeiten. ★ Den Teig zu einer großen Kugel formen und auf einer Arbeitsfläche zu einem Kreis platt drücken, der ca. 2 cm dick sein sollte. Den Kreis mit dem braunen Zucker bestreuen und in 8 gleich große Stücke teilen. Diese mit etwas Abstand auf ein Backblech setzen. ★ Im vorgeheizten Ofen ca. 10–15 Minuten lang backen, bis die Scones eine schöne goldbraune Farbe haben. ★ **Fertig!**

ZUTATEN

150 g Kirschen
230 g + 1 EL Mehl
½ Päckchen Backpulver
1 Prise Salz
30 g Zucker
1 EL Vanillezucker
60 g Butter
140–150 ml Milch
1 EL brauner Zucker

8 Scones

Kaffeekekse

**Das ultimative Rezept für jeden Kaffeejunkie.
Coffee to go in Keksform!**

Das Instant-Kaffeepulver in so wenig Wasser wie möglich auflösen. ★
Nun die anderen Zutaten zusammen mit dem Instantkaffee rasch
zu einem glatten Teig verarbeiten. Den Teig sofort ausrollen, in die
gewünschte Form bringen und so im Kühlschrank mindestens 1 Stunde
lang ruhen lassen. ★ Den Ofen auf 175 °C vorheizen. ★ Anschließend
die Kekse im vorgeheizten Ofen ca. 15–20 Minuten lang backen, bis sie
gerade anfangen, Farbe zu bekommen. Vor dem Servieren vollständig
auskühlen lassen. ★ **Fertig!**

ZUTATEN

2 EL Instant-Kaffeepulver
300 g Mehl
200 g Butter
100 g Puderzucker
1 Päckchen Vanillezucker
1 Prise Salz
etwas Wasser

1 Blech Kekse

2.

KAPITEL

Törtchen und Küchlein

»Hätt' ich dich heut' erwartet, hätt' ich Kuchen da«, sang Ernie einst nicht ohne Grund in der Sesamstraße. Denn was gibt es schon Besseres, als einen schönen Nachmittag mit tollen Menschen und einer reich gedeckten Kuchentafel zu verbringen? Die auf den nächsten Seiten folgenden Törtchen und Küchlein machen zwar ordentlich was her, der Weg auf den Teller ist für sie nach einem Zwischenstopp in der Rührschüssel und einem kleinen Aufenthalt im Ofen aber wirklich schnell und unkompliziert. Neben ein paar heißgeliebten Klassikern aus meiner Küche habe ich euch auch ein paar süße Exoten mitgebracht. Schüsseln ausschlecken und Krümel picken ist hier übrigens ausgesprochen erwünscht! Und nur, damit das klar ist: Ich habe sie natürlich alle gegessen, die Törtchen und Küchlein – und ich würde es jederzeit wieder tun!

Angebertörtchen

Wer dieses Törtchen zu einem Geburtstag auftischt, der kann mit bewundernden Blicken rechnen. Wir verraten einfach niemandem, wie einfach er zusammengerührt ist, okay?

Den Ofen auf 175 °C vorheizen. ★ Die Butter mit dem Zucker und dem Vanillezucker schaumig schlagen. Anschließend das Salz und nacheinander die Eier hinzugeben und gut rühren, bis das jeweilige Ei vollkommen von der Masse aufgenommen wurde. ★ Nun das Mehl mit dem Backpulver vermischen und die Hälfte in den Teig rühren. Die Hälfte der Milch, anschließend das restliche Mehl und zum Schluss die übrige Milch hinzugeben und nur so lange rühren, bis der Teig glatt ist. ★ Den Teig sofort in eine kleine Springform oder andere runde Form (18 cm Durchmesser) füllen und im vorgeheizten Ofen ca. 60 Minuten lang backen. Stäbchenprobe machen. Den Kuchen komplett auskühlen lassen. ★ Währenddessen die Vanilleschote der Länge nach aufschneiden und das Mark herauskratzen. Nun die Butter mit dem Zucker, dem Vanillemark und der Stärke mindestens 6 Minuten lang aufschlagen, bis die Masse weiß wird. Anschließend den Frischkäse nur so lange unterheben, bis er gut mit der Buttermasse vermengt ist. ★ Das Topping mindestens 1 Stunde lang im Kühlschrank durchkühlen lassen. ★ Vor dem Servieren die Johannisbeeren von den Rispen streifen und bereitstellen. ★ Nun die Torte längs in zwei Böden teilen und beide mit dem Topping bestreichen. Auf der unteren Hälfte möglichst viele Johannisbeeren verteilen. Die Oberhälfte vorsichtig aufsetzen und die restlichen Beeren darauf drapieren. Mit etwas Puderzucker bestäuben. ★ **Fertig!**

ZUTATEN

Für den Teig
250 g weiche Butter
125 g Zucker
1 Päckchen Vanillezucker
1 Prise Salz
4 Eier
300 g Mehl
1 Päckchen Backpulver
50 ml Milch

Für die Füllung und das Topping
½ Vanilleschote
250 g Butter
250 g Zucker
1 EL Stärke
400 g Frischkäse
300 g Johannisbeeren
etwas Puderzucker zum Bestäuben

ca. 8 Stückchen

Avocadokuchen

Avocados werden auch »die Butter des Urwalds« genannt – das erklärt vielleicht, warum ich so verrückt nach ihnen bin! Und wer Avocado in seinen Kuchen rührt, der wird nicht nur mit einer etwas gesünderen Süßigkeit, sondern auch mit einem ganz leicht grünen Kuchen belohnt. Von der Avocado schmeckt man übrigens nichts. Versprochen!

Den Ofen auf 175 °C vorheizen. ★ Die Avocado fein pürieren und anschließend mit dem Zucker und dem Vanillezucker glatt rühren, bis keine Zuckerkristalle mehr zu sehen sind. ★ Anschließend die Eier einzeln unterrühren und jeweils mindestens 1 Minute lang schlagen. ★ Mehl, Backpulver und Salz in eine separate Schüssel sieben und zusammen mit der Buttermilch nur so lange unter die Avocadomasse rühren, bis es gerade vermengt ist. Rührt man zu lange, wird der Kuchen später zäh! ★ Eine kleine Kastenform (18 cm) fetten, den Teig einfüllen und im vorgeheizten Ofen ca. 40–50 Minuten lang backen. Den Kuchen komplett auskühlen lassen. ★ Den Puderzucker mit so viel Limettensaft verrühren, bis ein dicker Guss entstanden ist. Diesen über dem ausgekühlten Kuchen verteilen. ★ **Fertig!**

ZUTATEN

½ Avocado
140 g Zucker
½ Päckchen Vanillezucker
2 Eier
200 g Mehl
½ Päckchen Backpulver
1 Prise Salz
125 ml Buttermilch
50 g Puderzucker
1–2 EL Limettensaft

ca. 8 Stückchen

Schokokuchen mit Erdnussbutterguss

Das Projekt »Erdnussbutterguss« war ursprünglich (buchstäblich) eine echte Schnapsidee. Und was für eine! In meinem »Club der anonymen Erdnussbutteroholiker« sind alle verrückt danach!

Den Backofen auf 175 °C vorheizen. Eine kleine Kastenform (20 cm) mit etwas Butter fetten. ★ Die Butter mit den beiden Zuckerarten schaumig schlagen. Anschließend nacheinander das Salz, die Eier und den Kakao hinzugeben. ★ Das Backpulver unterrühren und die Hälfte des Mehls, die Hälfte der Milch, dann das restliche Mehl und im Anschluss die restliche Milch unterrühren, bis der Teig schön glatt ist. ★ Den Kuchen im vorgeheizten Ofen ca. 60 Minuten lang backen. Nach 15 Minuten muss er in der Mitte der Länge nach einmal eingeschnitten werden. ★ Für den Guss den Puderzucker, die Erdnussbutter und etwas Milch glattrühren. Die Milchmenge kann hierbei je nach Konsistenz der Erdnussbutter zwischen 1 EL und 5 EL variieren. ★ Sobald der Kuchen vollständig ausgekühlt ist, kann der Guss darübergegeben werden. ★ Er braucht durch die Erdnussbutter etwas länger, bis er aushärtet, wird, je nach Dicke, jedoch trotzdem fest. ★ Fertig!

Tipp: Je nach Konsistenz der Erdnussbutter kann es sein, dass der Guss zu fest wird. Dann einfach mit so viel Milch auffüllen, bis er sich gut auf dem Kuchen verteilen lässt!

ZUTATEN

Für den Kuchen
250 g Butter
125 g Zucker
125 g brauner Zucker
1 Prise Salz
4 Eier
5 EL Kakaopulver
500 g Mehl
1 Päckchen Backpulver
50 ml Milch
etwas Butter für die Form

Für den Guss
100 g Puderzucker
2 gehäufte EL cremige Erdnussbutter
etwas Milch

ca. 6–8 Stückchen

Backen ist schon eine kleine

Kunst für sich! Doch mit ein paar kleinen Kniffen und Tricks ist es gar nicht mehr so schwer. Meine liebsten 10 Backtipps habe ich euch hier zusammengetragen. Und sollte es doch mal nicht klappen: Kopf hoch und **auf ein Neues!**

Meine 10 besten

BACKTIPPS

1. **Anleitungen lesen,**
... und zwar sorgfältig! Eigentlich sollte das selbstverständlich sein – aber ganz ehrlich? Ich erwische mich selbst immer wieder beim groben Überfliegen.

2. **Pulverige Zutaten sieben,**
... denn das Sieben verhindert nicht nur Klümpchen im Teig, sondern macht ihn auch ein klitzekleines bisschen luftiger! Das gilt vor allem bei Mehl, Backpulver und Stärke.

3. **Schlage die Eier in eine Schüssel**
... und nie direkt in den Teig! So hast du die volle Kontrolle, sollte doch mal ein bisschen Schale in der Masse landen oder ein Ei schlecht sein.

4. **Gefettete Formen kurz kalt stellen,**
... damit sich das Fett nicht zu schnell mit dem Teig verbindet und sich später alles gut löst!

5. **Heiz den Ofen vor,**
... denn nur so kannst du die Backzeit gut einschätzen.

6. **Auf einem Rost backen,**
... damit sich die Hitze im Ofen rund um den Kuchen frei und gleichmäßig verteilen kann!

7. **Lass die Tür zu,**
... solange die Backzeit nicht abgelaufen ist! Ich weiß, man ist neugierig. Aber Gebäck wird gerne zickig und zäh, wenn man es nicht in Ruhe lässt.

8. **Mach eine Stäbchenprobe,**
... damit der Kuchen auch wirklich »durch« ist, wenn du ihn aus dem Ofen holst. Dafür sticht man mit einem Holz- oder Metallstäbchen mitten in den Kuchen. Bleibt etwas feuchter Teig hängen, braucht der Kuchen noch ein paar Minuten.

9. **Der Kuchen will nicht aus der Form?**
... Dann stell ihn für ein paar Augenblicke auf ein angefeuchtetes Tuch! Danach sollte er sich besser lösen.

10. **Alles schiefgelaufen?**
... Streu Puderzucker drauf, wenn der Kuchen trotz aller Mühe nicht so richtig hübsch geworden ist. Das mach' ich auch manchmal noch so – aber pssscht!

Biskuitrolle mit Himbeer-Mascarpone-Füllung

Biskuitteig ist eine kleine Mimose. Er mag nicht zu lang gebacken, zu dünn aufgestrichen oder zu grob behandelt werden, sonst bricht er und sorgt deshalb für kleine Biskuit-Wutanfälle! Mit ein paar Kniffen gelingt er jedoch sogar mir! Und die verrate ich euch natürlich hier.

Den Ofen auf 175 °C vorheizen. ★ Das Eiweiß steif schlagen und ungefähr die Hälfte des Zuckers einrieseln lassen. In einer zweiten Schüssel das Eigelb mit dem Vanillezucker und dem restlichen Zucker – bis auf die 2 EL – schaumig schlagen. ★ Die Eigelbmasse vorsichtig unter das Eiweiß ziehen. Das Mehl, die Stärke und das Backpulver in die Schüssel sieben und ebenfalls vorsichtig unterheben, bis alles gut vermengt ist. ★ Ein Backblech mit Backpapier auslegen und den Teig gleichmäßig daraufstreichen. Den Biskuitteig im vorgeheizten Ofen 15–20 Minuten lang backen, bis er gerade anfängt, eine goldene Farbe zu bekommen. ★ In der Zwischenzeit ein Küchenhandtuch leicht befeuchten und mit den restlichen 2 EL Zucker bestreuen. Den noch heißen Biskuit aus dem Ofen direkt auf das Handtuch stürzen. Das Backpapier mit kaltem Wasser anfeuchten und abziehen. Nun den Biskuit zusammen mit dem Handtuch vorsichtig der Länge nach aufrollen und vollständig auskühlen lassen. ★ Für die Füllung die Sahne mit dem Vanillezucker und dem Zucker aufschlagen. Sobald sie etwas fester wird, löffelweise den Mascarpone hinzugeben. Dann ungefähr die Hälfte der Himbeeren und etwas von der Flüssigkeit, die beim Auftauen stehen bleibt, unter die Masse geben und gründlich verrühren. ★ Zum Schluss die restlichen Himbeeren sehr vorsichtig unter die Masse heben und alles auf den abgerollten Biskuit geben. ★ Den Biskuit mit Füllung erneut aufrollen, die überstehenden Enden abschneiden und die Rolle mit reichlich Puderzucker bestäuben. ★ Bis zum Servieren im Kühlschrank aufbewahren. ★ **Fertig!**

ZUTATEN

Für den Biskuitboden
3 Eiweiß
125 g + 2 EL Zucker
4 Eigelb
1 Päckchen Vanillezucker
75 g Mehl
50 g Stärke
1 Prise Backpulver

Für die Füllung
150 g Sahne
1 Päckchen Vanillezucker
125 g Zucker
400 g Mascarpone
300 g aufgetaute TK-Himbeeren
(nicht abgetropft)
Puderzucker zum Bestäuben

12–14 Scheiben

Lemon-Curd-Streuselkuchen

Sauer macht lustig. Und bei allem mit »Lemon« im Namen denkt man sofort an säuerlich verzogene Gesichter, oder? Dabei ist Lemon Curd eine wirklich süße Versuchung. Und in diesen Streuselkuchen eingebacken macht es zwar nicht lustig, aber glücklich!

Für den Boden die Milch lauwarm erhitzen. ★ In einer großen Schüssel die Trockenhefe und den Zucker unter das Mehl mischen und eine kleine Mulde in der Mitte formen. Hier die Butter in Flöckchen, das Ei und das Eigelb, die Zitronenschale und die lauwarme Milch hineingeben und alles mit dem Knethaken des Handrührgeräts zu einem glatten, glänzenden Teig verarbeiten. Anschließend den Teig zugedeckt an einem warmen Ort mindestens 1 Stunde lang gehen lassen, bis sich sein Volumen verdoppelt hat. ★ Den Teig ca. 5 Minuten lang kräftig kneten und schlagen. Dann auf ein mit Backpapier ausgelegtes Backblech geben und bis zu den Rändern drücken (die Bewegung ähnelt dabei einem »Streichen«), zudecken und weitere 30 Minuten gehen lassen. ★ Währenddessen die Streuselmasse vorbereiten. Dafür alle Zutaten (außer dem Lemon Curd) rasch zu einem Streuselteig verarbeiten und das Lemon Curd in einer Schüssel glatt rühren. ★ Den Ofen auf 175 °C vorheizen. ★ Den fertigen Boden mit dem Lemon Curd gleichmäßig bestreichen, die Streusel darübergeben und alles im vorgeheizten Ofen ca. 20 Minuten lang backen, bis die Streusel langsam Farbe annehmen. ★ **Fertig!**

Tipp: Für immer neue Variationen kann das Lemon Curd beliebig durch andere Marmeladen und Konfitüren ausgetauscht werden!

ZUTATEN

Für den Boden
250 ml Milch
1 Päckchen Trockenhefe
75 g Zucker
500 g Mehl
70 g zimmerwarme Butter
1 Ei + 1 Eigelb
Schale von ½ unbehandelten Zitrone

Für den Belag
300 g Mehl
1 Päckchen Vanillezucker
200 g Butter
225 g Zucker
300 g Lemon Curd

ca. 20 Stückchen

Getränkter Orangen-
kuchen mit Mohn

Was ist saftiger als ein Kuchen, der mit Saft getränkt wurde? Genau. Nichts!

Den Ofen auf 175 °C vorheizen und die Backform ausfetten und bemehlen. ★ Die Butter und den Zucker schaumig schlagen und nacheinander die Eier unterrühren, bis die Masse glatt ist. Die Schale von 1 Orange abreiben und unter die Masse rühren. ★ Mehl und Backpulver in einer separaten Schüssel vermengen und zügig unter die Buttermasse rühren. Den Mohn hinzugeben, alles noch einmal gut vermengen und in eine Springform (18 cm Durchmesser) füllen. ★ Im vorgeheizten Ofen ca. 40–50 Minuten lang backen. Sollte der Kuchen zu stark bräunen, kann er mit Backpapier abgedeckt werden. ★ Währenddessen die Orangen auspressen und 5 EL Saft beiseitestellen. Die Zitrone ebenfalls auspressen. Den Zitronensaft mit dem Orangensaft und 1 EL Zucker so lange verrühren, bis der Zucker sich aufgelöst hat. ★ Den heißen Kuchen auf eine Tortenplatte legen und mit einem Holzstäbchen mehrfach einstechen. Das Orangen-Zitronensaft-Gemisch darübergießen und den Kuchen anschließend vollständig auskühlen lassen. ★ Den Puderzucker mit dem beiseitegestellten Orangensaft zu einem dicken, glatten Guss verrühren. Sollte der Guss zu flüssig werden, kann etwas mehr Puderzucker hinzugegeben werden. Den Guss über den Kuchen geben. ★ Fertig!

Tipp: Für einen großen Kuchen einfach die doppelte Menge nehmen und die Backzeit auf ca. 60 Minuten verlängern!

ZUTATEN

etwas Butter und Mehl
für die Form
150 g zimmerwarme Butter
150 g + 1 EL Zucker
3 Eier
2 unbehandelte Orangen
50 g Mehl
1 gehäufter TL Backpulver
3 EL Dampfmohn
1 Zitrone
150 g Puderzucker

ca. 8 Stückchen

Kleine Gugelhupfe
mit dunklem Geheimnis

Diese kleinen, hübschen Gugel haben ein dunkles Geheimnis: In ihrer Mitte befindet sich eine Schoko-Cheesecake-Füllung!

Den Ofen auf 175 °C vorheizen. ★ Die Butter mit dem Zucker schaumig schlagen. Das Mark der Vanillestange auskratzen und hinzugeben. Anschließend die Eier nacheinander gut unterrühren. ★ Das Mehl und das Backpulver in eine Schüssel sieben und unter den Teig rühren. Nur so lange rühren, bis der Teig glatt ist. ★ Die Zutaten für die Füllung gut vermengen und in einen Spritzbeutel mit Lochtülle geben. ★ In 4 kleine Gugelformen (ca. 10 cm Durchmesser) jeweils eine kleine Schicht Vanilleteig geben. Nun mit dem Spritzbeutel in die Mitte vorsichtig einen Frischkäse-Ring spritzen. Die Form mit dem restlichen Teig auffüllen. ★ Die kleinen Gugel im vorgeheizten Ofen ca. 30 Minuten lang backen, bis bei der Stäbchenprobe kein Teig mehr haften bleibt. ★ **Fertig!**

ZUTATEN

Für den Vanilleteig
225 g Butter
275 g Zucker
1 Vanillestange
2 Eier (Größe L)
250 g Mehl
½ Päckchen Backpulver

Für die Füllung
200 g Frischkäse
3 EL Zucker
2 EL Mehl
1 Ei
1 EL Kakaopulver
Puderzucker zum Bestäuben

4 kleine Gugelhupfe

Haselnusscupcakes
mit Karamellfrosting

Hier ist mein perfekter Cupcake: Sein Boden ist fluffig und die Creme ist nicht zu süß und durch den Frischkäse schön leicht. Wer kann da noch »Nein« zu so einem Törtchen sagen? Ich jedenfalls nicht!

Den Ofen auf 175 °C vorheizen. ★ Für den Teig die Butter mit dem Zucker schaumig schlagen. Anschließend die Eier und die Milch unterrühren. ★ Die trockenen Zutaten miteinander vermischen und nur so lange mit der Buttermasse vermischen, bis ein glatter Teig entstanden ist. Die Mulden eines Muffinblechs ausfetten oder mit Papierförmchen bestücken. Die Formen bis zur Hälfte mit dem Teig füllen und im vorgeheizten Ofen ca. 30 Minuten lang backen. Danach vollständig auskühlen lassen. ★ Für das Topping die Butter mit dem Zucker und dem Vanillezucker schaumig schlagen. Anschließend den Frischkäse, die Stärke und die Karamellsauce zügig untermischen und die Masse ca. 1 Stunde lang kalt stellen. ★ Mithilfe eines Spritzbeutels kleine Topping-Tuffs auf die Haselnussküchlein spritzen und nach Belieben mit etwas Karamellsauce beträufeln. ★ **Fertig!**

ZUTATEN

Für den Teig
115 g Butter
60 g Zucker
3 Eier
1 Schuss Milch
100 g geriebene Haselnüsse
150 g Mehl
1 TL Backpulver
1 Prise Salz

Für das Topping
125 g Butter
125 g Zucker
1 Päckchen Vanillezucker
225 g Frischkäse
1 TL Stärke
2 EL Karamellsauce + etwas zum Garnieren

6–8 Cupcakes

Bananenbrot

Rezept zum Glücklichsein: ein grauer Wintermorgen, ein Sofa, eine kuschelige Decke und eine dicke Scheibe Bananenbrot mit ganz viel Schokoladencreme drauf.

Den Ofen auf 175 °C vorheizen. ★ Die Bananen schälen, zerdrücken und mit der Butter, dem Zucker und dem Vanillezucker verrühren. Das Ei, das Salz, den Zimt und die Buttermilch ebenfalls unterrühren. ★ Das Mehl, das Backpulver und das Natron miteinander vermischen und in zwei Portionen unter den Teig rühren, bis alles vermengt ist. ★ Eine kleine Kastenform (20 cm) ausfetten, bemehlen und den Teig einfüllen. ★ Das Bananenbrot im vorgeheizten Ofen 35–45 Minuten lang backen. Nach erfolgreicher Stäbchenprobe abkühlen lassen und aus der Form stürzen. ★ **Fertig!**

ZUTATEN

2 Bananen
60 g Butter
120 g Zucker
1 Päckchen Vanillezucker
1 Ei
1 Prise Salz
2 Prisen Zimt
2 EL Buttermilch
150 g Mehl
1 ½ TL Backpulver
½ TL Natron
etwas Butter und Mehl für die Form

ca. 6–8 Stückchen

Vegane
Schokomuffins

Eines Sonntagmorgens wachte ich auf und hatte
weder Frühstück noch Butter, Eier oder Milch im Haus.
Und weil Not erfinderisch macht, entstand ein Rezept
für Schokomuffins, die so saftig und fluffig sind, dass
sie sich ganz bestimmt nicht hinter ihren »klassi-
schen« Verwandten verstecken müssen!

Den Ofen auf 175 °C vorheizen. ★ In einer großen Schüssel erst die
trockenen Zutaten miteinander vermischen und dann mit dem Öl und
dem Wasser zügig zu einem klumpenfreien Teig verarbeiten. ★ Ein
Muffinblech mit 12 Muffinförmchen bestücken und diese bis knapp unter
den Rand mit dem Teig füllen. ★ Im vorgeheizten Ofen ca. 25 Minuten
lang backen. Anschließend eine Stäbchenprobe machen und ggf. noch
einmal 5–10 Minuten lang weiter backen lassen. ★ **Fertig!**

ZUTATEN

300 g Mehl
250 g brauner Zucker
80 g Kakaopulver
1 Päckchen Backpulver
8 EL geschmacksneutrales Öl
(z.B. Sonnenblumenöl)
380 ml Wasser

12 Muffins

3.

Aus Schüsseln und Gläsern

Das erste Rezept, das ich jemals bewusst selbst kreiert, gemacht, fotografiert und niedergeschrieben habe, war eine echte Kalorienbombe: Mascarpone mit Erdbeercreme im Glas. Eine Hausaufgabe während meiner Fotografenlehre.

Hier wurden gleich zwei Feuer in mir entfacht: 1. Die für die Art von Dessert, bei der man die genaue Kalorienanzahl gar nicht so wirklich genau wissen will. Aber vor allem 2. die für Desserts aus Schüsseln und Gläsern.

Warum ich sie so toll finde? Sie sind genau so, wie ich es am liebsten habe: schnell gemacht, wohlproportioniert, sind meistens recht ansehnlich und kaum etwas nascht sich abends auf dem Sofa besser als eine Schüssel oder ein Glas voll süßen Glücks. Da gibt es dann nur mich, mein Dessert und einen großen Löffel. Meine liebsten Rezepte habe ich hier zusammengetragen. Ob warm oder kalt – da ist für jeden was dabei!

Apfelküchlein aus dem Glas

Apfelkuchen to go! Dieses Rezept ist schnell gebacken und der Kuchen passt in jede Handtasche.

Alle Teigzutaten rasch miteinander verkneten und den Teig ca. 1 Stunde lang kühl stellen. ★ Den Ofen auf 175 °C vorheizen. ★ Die Äpfel schälen, in kleine Würfel schneiden und sofort mit etwas Zitronensaft beträufeln. Die Apfelwürfel mit dem Zucker und dem Zimt vermengen. ★ Den Teig in 4 gleich große Stücke teilen. Jeweils ungefähr drei Viertel der Teigstücke in die 4 Gläser drücken und so Boden und Rand formen. ★ Das restliche Stück ausrollen und mit einem Glas Kreise ausstechen. ★ Die Apfelstücke auf die Gläser verteilen und mit den ausgestochenen Teigdeckeln zudecken. Mit einem Messer Schlitze hineinschneiden. ★ Die Apfelküchlein ca. 30 Minuten lang im vorgeheizten Ofen backen, dann auskühlen lassen und die Gläser verschließen. ★ **Fertig!**

ZUTATEN

Für den Teig
175 g Mehl
20 g Zucker
1 Prise Salz
90 g kalte Butter

Für die Füllung
2 säuerliche Äpfel
etwas Zitronensaft
2 EL Zucker
1 TL Zimt

4 kleine Schraubgläser

Blaubeercrumble

Streusel machen jede süße Kleinigkeit besser. Jeden-falls fast jede! Außerdem befriedigen sie mein Fürsor-ge-Bedürfnis, denn: Hier decken sie z.B. ein paar süße Blaubeerchen zu und beschützen sie vor den Gefahren des warmen Ofens. Was dabei rauskommt? Soulfood vom Feinsten!

375 g frische Blaubeeren
50 g Zucker
1 EL Stärke
60 g Mehl
30 g kernige Haferflocken
30 g zarte Haferflocken
75 g zimmerwarme Butter

2 große oder 4 kleine Portionen

Den Ofen auf 175 °C vorheizen. ★ Die Blaubeeren mit dem Zucker und der Stärke vermengen und in eine feuerfeste Form geben. ★ Die restlichen Zutaten zügig zu einem Streuselteig verarbeiten und die Blaubeeren damit bedecken. ★ Im vorgeheizten Ofen ca. 20 Minuten lang backen und lauwarm genießen ★ **Fertig!**

Tipp: Mit einem Schlag Vanilleeis (Rezept S. 123) auf dem lauwarmen Crumble serviert, wird es noch besser. Auch wenn man das kaum für möglich halten kann!

Karamell-Frappuccino

Kalter Kaffee – für norddeutsche Opas klingt das eher nach einer langweiligen Nachricht als nach einem leckeren Getränk. Aber das ist nicht schlimm, denn so bleibt mehr für uns!

12 Eiswürfel
1 Becher kalter Kaffee
200 ml Milch
1 TL Vanilleextrakt
1 EL Zucker
3 EL Karamellsauce
3 EL geschlagene Sahne

2 Frappuccinos

Die Eiswürfel mit dem Kaffee, der Milch, dem Vanilleextrakt, dem Zucker und 1 EL Karamellsauce in einen Standmixer geben, kräftig durchpürieren und auf zwei Gläser verteilen. Die geschlagene Sahne auf den Frappuccino geben und mit der restlichen Karamellsauce beträufeln. ★ **Fertig!**

Tipp: Mit einer kleinen Auswahl an Sirup kommt das Café-Feeling direkt nach Hause!

Erdbeersüppchen

Suppe zum Nachtisch? Warum nicht! Wenn im Sommer die Törtchen und Küchlein einfach zu schwer im Magen liegen, ist dieses süße Süppchen genau das Richtige. P.S.: Wer nicht löffeln mag, kann das Süppchen auch als Lassi aus einem Glas trinken – der muss sich dann aber ein anderes Dessert einfallen lassen.

Die Erdbeeren von ihrem Strunk befreien und in grobe Stücke schneiden. 2 EL Sahnejoghurt beiseitestellen. ★ Den restlichen Joghurt mit den Erdbeeren, dem Orangensaft, dem Zitronensaft und dem Vanillemark pürieren. ★ Mit dem Puderzucker nach Belieben süßen. ★ Das Erdbeersüppchen auf zwei Schüsseln aufteilen und mit jeweils 1 EL Sahnejoghurt und einem kleinen Stängel Zitronenmelisse servieren. ★ **Fertig!**

ZUTATEN

500 g Erdbeeren
250 g Sahnejoghurt
50 ml Orangensaft
1 EL Zitronensaft
Mark von ½ Vanilleschote
1–2 EL Puderzucker
etwas Zitronenmelisse
zum Servieren

2 große Portionen

Griechischer Joghurt
mit Himbeeren

Mit diesem Dessert holt man sich den Sommer auf den Tisch. Himbeeren und Limetten – mehr Sommergefühl im Glas geht einfach nicht! Und es wird noch besser: Kalorientechnisch handelt es sich hierbei eher um ein Dessertchen!

Die Himbeeren antauen lassen. Die Limetten auspressen. Den Limettensaft nach Geschmack unter den Joghurt rühren. ★ Den Vanillezucker und den Zucker unterrühren und den Joghurt kalt stellen. ★ Die Hälfte der Himbeeren pürieren und wieder zu den ganzen Himbeeren geben. ★ In zwei große Gläser jeweils abwechselnd den Joghurt und die Himbeeren vorsichtig aufschichten. Die letzte Schicht sollte aus Himbeeren bestehen. ★ Das Dessert bis zum Servieren im Kühlschrank durchkühlen lassen. Kurz vor dem Servieren 4 der kleinen Baisers zerbröseln und auf den Desserts verteilen. Mit 1 ganzen Baiser-Tuff garnieren und servieren! ★ **Fertig!**

ZUTATEN

300 g gefrorene Himbeeren
1 ½ Limetten
500 g griechischer Joghurt
1 Päckchen Vanillezucker
1 EL Zucker
6 kleine Baiser-Tuffs

2 Portionen

Overnight Oats mit Schoko und Banane

Ich bin ein Frühstücksmuffel. Aber nur, weil ich gern so lang wie möglich schlafe und dann immer auf dem Sprung bin. Diese Overnight Oats hingegen kann man am Abend vorbereiten und morgens zur Not auch unterwegs genießen. Perfekt!

Die Banane schälen, in grobe Stücke schneiden und zusammen mit dem Mandelmus, dem Joghurt, der Milch und dem Kakao gut pürieren. Mit Honig abschmecken und in ein großes oder zwei kleinere Schraubgläser füllen. ★ Die Haferflocken einrühren und alles über Nacht gut durchziehen lassen. ★ Am nächsten Morgen nach Wunsch einige Schokoladenraspel über den Brei geben und genießen. ★ **Fertig!**

Tipp: Lust zu experimentieren? Frische Früchte? Erdnussbutter? Nüsse? Immer rein damit!

ZUTATEN

½ Banane
2 EL Mandelmus
200 g griechischer Joghurt
50 ml Milch
2 EL Kakaopulver
jeweils 5 EL zarte und kernige Haferflocken
Honig nach Geschmack
ggf. Schokoladenraspel zum Garnieren

2 Frühstücksportionen

Milchreis mit Kirschkompott

Milchreis ist eigentlich ein Nachtisch, früher gab es ihn bei uns jedoch als Hauptspeise. Für mich ist er Soulfood vom Feinsten, das mich an besonders stressigen Tagen blitzschnell runterholt.

Die Vanilleschote aufschlitzen, auskratzen und die Schote sowie das Mark zusammen mit der Milch in einem Topf zum Kochen bringen. ★ Den Reis einrieseln lassen und bei geschlossenem Deckel auf kleiner Flamme ausquellen lassen, bis er weich ist (je nach Sorte meist 20–35 Minuten). Nach Geschmack süßen. ★ Die Kirschen waschen, halbieren und den Stein sowie den Stiel entfernen. Die Kirschhälften zusammen mit dem Zucker und etwas Wasser in einem kleinen Topf zum Köcheln bringen. ★ Dann die Speisestärke mit 2–3 EL Wasser glatt rühren und zu den Kirschen geben. Rühren, bis die Flüssigkeit etwas eingedickt ist, dann den Topf vom Herd nehmen. ★ Die Vanilleschote aus dem Milchreis entfernen. Den Milchreis zusammen mit dem Kompott servieren. ★ **Fertig!**

Tipp: Für eine sommerliche Variante Zitronenschale in den Milchreis mischen!

ZUTATEN

Für den Milchreis
1 Vanilleschote
1 l Milch
250 g Milchreis/Rundkornreis
ggf. etwas Zucker

Für das Kirschkompott
500 g Kirschen
70 g Zucker
etwas Wasser
1 EL Speisestärke

2 Portionen als Hauptmahlzeit

Schnelles Tiramisù

Manchmal möchte man Zeit mit seinen Gästen (oder dem Fernseher) verbringen und nicht mit der Zubereitung des Essens. Dieses Tiramisù kann man morgens schnell zusammenrühren und im Kühlschrank ziehen lassen. Abends steht es dann blitzschnell auf dem Tisch. Und ist so gut!

Die Sahne mit dem Vanillezucker und dem Zucker aufschlagen und nach und nach den Mascarpone hinzugeben. Zum Schluss 2 EL Amaretto unterrühren, bis eine glatte Masse entstanden ist. ★ Nun die restlichen 4 EL Amaretto mit dem Kaffee verrühren. ★ Die Hälfte der Löffelbiskuits so weit zerbrechen, dass sie in die Gläser passen. Die Löffelbiskuits in die vier Gläser geben und sie mit der Hälfte des Kaffees tränken. Eine Schicht Mascarponecreme daraufgeben und eine zweite Schicht Löffelbiskuits daraufschichten. Diese wieder mit etwas Kaffee tränken und die restliche Mascarponecreme darauffüllen. ★ Die Tiramisùgläser im Kühlschrank mindestens 2 Stunden lang durchziehen lassen und vor dem Servieren mit reichlich Kakaopulver bestäuben. ★ **Fertig!**

ZUTATEN

150 g Sahne
1 Päckchen Vanillezucker
80 g Zucker
500 g Mascarpone
6 EL Amaretto
1 Tasse kalter, starker Kaffee oder Espresso
8 Löffelbiskuits
Kakaopulver zum Bestäuben

4 Gläser

Rote Grütze
mit Vanillesauce

Rote Grütze verbinde ich direkt mit den schönsten Sommertagen meiner Kindheit. Denn wenn es im Sommer so richtig unerträglich heiß war, tischten wir diese Köstlichkeit auf – wahlweise mit Vanillesauce oder eiskalter Milch.

Für die rote Grütze den Kirschsaft in einen großen Topf geben und zusammen mit dem Vanillezucker aufkochen lassen. ★ Währenddessen die Speisestärke mit dem restlichen Kirschsaft glatt rühren, die Früchte waschen, ggf. Stiel und Strunk entfernen und besonders große Exemplare halbieren oder vierteln. ★ Die Stärkemischung in den köchelnden Kirschsaft rühren, bis er eindickt. Nun die Früchte hinzugeben und mit dem Zucker abschmecken. ★ Alles ca. 1 Minute lang köcheln lassen – die Früchte sollen nicht zu sehr zerfallen – und dann abkühlen lassen. ★ Für die Vanillesauce die Vanilleschote der Länge nach aufschlitzen und das Mark herauskratzen. Die Milch mit der Sahne, dem Vanillezucker, dem Zucker und dem Vanillemark aufkochen lassen und vom Herd nehmen. ★ Die Eigelbe verrühren und von der noch heißen, aber nicht mehr kochenden Vanillemilch unter ständigem Rühren zwei Schöpfkellen untermischen. Nun die Eiermilch zurück in den Topf geben und bei kleiner Flamme so lange erhitzen, bis sie eindickt. Die Masse darf jetzt nicht mehr kochen, sonst gerinnt das Eigelb! ★ Die fertige Vanillesauce durch ein feines Sieb geben und heiß genießen oder kalt stellen. ★ Die rote Grütze zusammen mit der Vanillesauce servieren. ★ **Fertig!**

ZUTATEN

Für die rote Grütze
750 ml + 5 EL Kirschsaft
1 Päckchen Vanillezucker
3 EL Speisestärke
800 g rote Früchte (z.B. je 200 g Erdbeeren, Heidelbeeren, Himbeeren und Johannisbeeren)
4–5 EL Zucker nach Geschmack

Für die Vanillesauce
1 Vanilleschote
400 ml Milch
200 g Sahne
1 Päckchen Vanillezucker
75 g Zucker
3 Eigelb

8–10 Portionen

Cheesecake im Glas

Kuchen ohne Backen – ich finde das fantastisch! Diese Cheesecakes sind blitzschnell zusammengerührt und warten dann im Kühlschrank auf ihren großen Auftritt.

Den Frischkäse mit dem Zucker glatt rühren. In einer zweiten Schüssel die Sahne mit dem Vanillezucker steif schlagen und anschließend vorsichtig unter die Frischkäsemasse heben. ★ Die Haferkekse in einen Gefrierbeutel geben, diesen verschließen und die Kekse mithilfe eines Nudelholzes zerkleinern. Die Butter schmelzen und unter die Keks-krümel geben. Die Aprikosen entkernen, eine halbe Aprikose vierteln und den Rest in kleine Würfel schneiden. ★ Nun in zwei hohen, großen Gläsern abwechselnd die Kekse, die Aprikosen, die Frischkäsemasse, dann wiederum die Kekse, die Aprikosen und noch einmal die Frisch-käsemasse einschichten und die Cheesecakes mindestens 4 Stunden lang kalt stellen. ★ Vor dem Servieren mit einem Aprikosenviertel garnieren. ★ **Fertig!**

ZUTATEN

300 g Frischkäse
40 g Zucker
200 g Sahne
1 Päckchen Vanillezucker
60 g Haferkekse
3 EL Butter
4 Aprikosen

2 große Gläser

Tartes und Tartelettes

Ein knuspriger Boden und eine geschmackvolle Füllung – das ist das Grundgerüst einer jeden Tarte. Ich weiß: Es hört sich jetzt nicht so abwechslungsreich an, aber tatsächlich liebe ich Tartes so sehr, weil sie immer wieder anders sein können. Mächtig, leicht, cremig, schokoladig, fruchtig, schlicht oder opulent? Groß, klein, eckig oder rund? Nichts ist unmöglich! Die Böden lassen sich wunderbar am Vortag vorbereiten und der Rest geht in der Regel sehr schnell. Stressfrei und lecker. So muss das sein!

Es ist wirklich an der Zeit, die süßen Tartes und Tartelettes aus dem Schatten der Kuchen und Torten zu holen und ihnen die Aufmerksamkeit zu schenken, die ihnen gebührt. Die Auswahl war für mich sehr schwer, aber ein paar meiner allerliebsten Rezepte habe ich auf den folgenden Seiten zusammengetragen.

Tarte-Böden-Grundrezepte

Es gibt vier Rezepte für Tarteböden, die in meinen Rezepten immer wieder auftauchen. Das Rezept reicht jeweils für eine große Tarte oder vier bis sechs kleine Tartelettes. Die meisten Tartes und Tartelettes bekommen einen ganz neuen Charakter, wenn man den Boden austauscht – fühlt euch frei, mit den unterschiedlichen Varianten zu experimentieren!

Alle Zutaten rasch zu einem glatten Teig verarbeiten. Den Teig in Frischhaltefolie einwickeln und mindestens 30 Minuten lang in den Kühlschank legen. ★ Den Ofen auf 175 °C vorheizen. ★ Den Teig ausrollen, vorsichtig in die Form legen und mit einer Gabel mehrfach an Boden und Rand einstechen. Mit Backpapier ausgelegt und mit Backerbsen beschwert ca. 10–15 Minuten lang im vorgeheizten Ofen blindbacken. ★

Den Ofen auf 175 °C vorheizen. ★ Alle Zutaten rasch zu einem Teig verkneten, mit den Händen in die Form drücken und mit einer Gabel mehrfach an Boden und Rand einstechen. Im vorgeheizten Ofen ca. 10–15 Minuten lang backen. ★

Den Ofen auf 175 °C vorheizen. ★ Alle Zutaten grob zu einem Teig verkneten, in die Form drücken – besonders fest im Randbereich! – und mehrfach mit einer Gabel an Boden und Rand einstechen. Im vorgeheizten Ofen in ca. 15–20 Minuten goldbraun backen. ★

Die Kekse sehr fein zerbröseln und mit der geschmolzenen Butter vermischen. Die Masse direkt fest in die Form drücken und für mindestens 20 Minuten in den Kühlschrank stellen. ★

Tipp: Der Keksboden lässt sich mit einem Esslöffel besonders fest und eben in Form bringen!

Zutaten

Mürbeteig-Boden
200 g Mehl
20 g Zucker
1 Prise Salz
90 g kalte Butter

Schokoladenboden
150 g Mehl
25 g Kakaopulver
50 g Zucker
1 Prise Salz
125 g kalte Butter

Haferflockenboden
30 g zarte Haferflocken
30 g kernige Haferflocken
180 g Mehl
110 g Zucker
1 Prise Salz
175 g geschmolzene Butter

Keksboden
300 g Kekse (Vollkorn-Haferkekse oder Butterkekse)
115 g geschmolzene Butter

Feigentartelettes

Sobald die Feigensaison beginnt, gibt es für mich kein Halten mehr. Die meisten Feigen landen direkt pur in meinem Bauch, aber vier behalte ich zurück. Und mit denen mache ich mir diese Tartelettes!

Den Haferflocken-Boden nach der Anleitung auf Seite 84 zubereiten, backen und auskühlen lassen. ★ Den Mascarpone zusammen mit dem Quark und dem Zucker cremig rühren. In einer separaten Schüssel die Sahne schlagen und dabei den Vanillezucker einrieseln lassen. ★ Anschließend die Sahne vorsichtig unter die Mascarpone-Quark-Masse ziehen. ★ Die Feigen waschen und abtrocknen, den harten Teil des Strunks abschneiden und die Früchte an der Oberseite kreuzförmig so weit einschneiden, dass sie sich gut aufklappen lassen. ★ Nun die Creme auf die Tartelettes verteilen und die aufgeklappten Feigen daraufsetzen. ★ **Fertig!**

Tipp: Wer eine große Tarte statt vier kleiner Tartelettes machen möchte, sollte mindestens zwei Feigen mehr kaufen!

ZUTATEN

1 Portion Haferflocken-Boden nach Rezept auf Seite 84
220 g Mascarpone
100 g Quark
3 EL Zucker
100 g Sahne
1 Päckchen Vanillezucker
4 große Feigen

4 kleine Tartelettes

Banoffee-Tartelettes

ZUTATEN

1 Portion Keksboden nach Rezept
auf Seite 84
8 EL Dulche de Leche (siehe Tipp!)
2 Bananen
200 g Sahne
1 EL Vanillezucker
50 g Zartbitterschokolade

**4 kleine Tartelettes oder
1 große Tarte**

**Als ich 2012 meinen Foodblog startete, war eines der
ersten Rezepte darauf ein Banoffee-Pie. Der war nicht
schön, aber lecker! Als Tartelette verpackt macht er
heute einiges mehr her und die Optik steht dem Geschmack endlich in nichts mehr nach.**

Den Keksboden nach der Anleitung auf Seite 84 zubereiten und mit
je 2 EL Dulche de Leche pro Tartelette bestreichen. ★ Die Bananen in
Scheiben schneiden und die Karamellcreme damit komplett belegen. ★
Die Sahne mit dem Vanillezucker steif schlagen und darübergeben. ★
Die Zartbitterschokolade mit einem Sparschäler raspeln und die
Tartelettes damit garnieren. ★ **Fertig!**

*Tipp: Dulche de Leche lässt sich ganz einfach selbst
herstellen! Einfach 1 Dose gezuckerte Kondensmilch komplett mit Wasser bedeckt für 1 ½-2 ½ Stunden in einem
großen Topf kochen, bis das Innere beim Schütteln nicht
mehr flüssig klingt. Zwischendurch das verdunstete Wasser
wieder auffüllen! Dann alles abkühlen lassen und feinste
Karamellcreme aus der Dose löffeln. Den Rest unbedingt
im Kühlschrank aufbewahren und auf Brot genießen!*

Weiße Nusstarte

Nuss- und Weiße-Schokoladen-Liebhaber dieser Welt vereinigt euch! Diese Tarte habe ich nur für euch gemacht! Denn wer könnte schon karamellisierten Nüssen in einer weißen Schokoladencreme widerstehen? Ich nicht!

Den Mürbeteig-Boden nach der Anleitung auf Seite 84 zubereiten, blindbacken, dann die Backerbsen entfernen und in 5–10 Minuten goldbraun backen. Auskühlen lassen. ★ Die Sahne in einem kleinen Topf zum Kochen bringen. Währenddessen die Schokolade hacken. ★ Die kochende Sahne vom Herd nehmen und die gehackte Schokolade einrühren, bis sie komplett aufgelöst ist. Die Masse am Ende kurz mit einem Pürierstab glatt pürieren und auf den Tarteboden gießen. ★ Den Zucker in einer großen Pfanne mit einem kleinen Schuss Wasser karamellisieren lassen. Sobald er eine goldbraune Farbe angenommen hat, die Nusskerne unterrühren, komplett mit dem Karamell benetzen und auf einem Backblech zum Abkühlen verteilen. ★ Sobald die Nüsse etwas abgekühlt sind, können sie auf die Schokoladenganache gegeben werden. ★ Die Tarte nun im Kühlschrank mindestens 1 Stunde lang komplett auskühlen und fest werden lassen. ★ **Fertig!**

ZUTATEN

1 Mürbeteig-Boden nach
Rezept auf Seite 84
100 g Sahne
250 g weiße Schokolade
125 g Zucker
etwas Wasser
300 g gemischte Nusskerne
(z.B. Haselnüsse, Pekannüsse,
Mandeln, Cashews)

1 große Tarte

Crème-Brûlée-
Tartelettes

ZUTATEN

Diese Tartelettes sorgen in der Regel für große Augen und großes Staunen. Die machen nämlich ordentlich was her! Knackiger Boden, cremige Füllung und krachende Karamellschicht on top sind allerdings gar kein Hexenwerk!

Den Mürbeteig nach der Anleitung auf Seite 84 zubereiten und auf vier Tartletteformen verteilt backen. Die Temperatur des Ofens auf 150 °C reduzieren. ★ Die Sahne, die Milch, den Zucker und die Eigelbe in einer Schüssel gut verquirlen. Das Mark der Vanilleschote auskratzen und ebenfalls unterrühren. ★ Die Masse auf den vorgebackenen Tartletteböden verteilen und diese ca. 60 Minuten lang im Ofen backen. Die Creme muss danach noch nicht richtig fest sein. ★ Die Tartelettes für mindestens 2 Stunden, besser aber über Nacht in den Kühlschrank stellen. ★ Kurz vor dem Servieren jeweils ca. 1 EL braunen Zucker auf den Tartelettes verteilen und mit einem kleinen Bunsenbrenner so lange karamellisieren lassen, bis eine glatte Schicht entstanden ist. ★
Fertig!

1 Portion Mürbeteig-Boden
nach Rezept auf Seite 84
400 g Sahne
100 ml Milch
80 g Zucker
4 Eigelb
1 Vanilleschote
4 EL brauner Zucker

4 kleine Tartelettes

Erdbeer-Schmand-Tarte

ZUTATEN

1 Portion Haferflocken-Boden
nach Rezept auf Seite 84
200 g Schmand
50 g Mascarpone
1 Ei
2 EL Vanillezucker
30 g Zucker
250 g frische Erdbeeren

1 große Tarte oder
4 kleine Tartelettes

Erdbeeren gehen einfach immer. Und jede erdenkliche Kuchenvariante mit Schmand auch! Warum also nicht einfach mal beides zu einer Tarte verbacken?

Den Haferflocken-Boden nach der Anleitung auf Seite 84 zubereiten, backen und auskühlen lassen. ★ Den Ofen erneut auf 175 °C vorheizen (oder angeschaltet lassen, wenn der Boden schnell ausgekühlt ist). ★ Den Schmand, den Mascarpone, das Ei, den Vanillezucker und den Zucker zu einer glatten Masse verrühren und auf den ausgekühlten Boden geben. ★ Die Erdbeeren halbieren und die Füllung damit belegen. ★ Im vorgeheizten Ofen ca. 20–25 Minuten lang backen, bis die Füllung fest ist. Sollte sie zwischendurch zu stark bräunen, kann man sie mit Backpapier abdecken. Die Tarte anschließend komplett auskühlen lassen. ★ **Fertig!**

Schoko-Schoko-Schokomousse-Tarte

Schokolade trifft auf Schokolade, trifft auf Schokolade. Und was dabei rauskommt, ist lecker hoch drei. Mindestens!

Den Schokoladenboden nach der Anleitung auf Seite 84 zubereiten, backen und auskühlen lassen. ★ Die Schokolade über einem heißen Wasserbad schmelzen und leicht abkühlen lassen. ★ Den ausgekühlten Boden sehr dünn mit der Schokolade bestreichen. Die Sahne zusammen mit dem Vanillezucker und dem Zimt steif schlagen. ★ Die Hälfte der Sahne unter die restliche Schokolade rühren und die zweite Hälfte vorsichtig unterheben, bis alles gerade gut vermengt ist. ★ Die Schokomousse auf den Tarteboden streichen und alles mindestens 1 Stunde lang im Kühlschrank durchkühlen lassen. ★ **Fertig!**

ZUTATEN

1 Portion Schokoladenboden nach Rezept auf Seite 84
300 g Zartbitter-Schokolade
250 g Sahne
2 Päckchen Vanillezucker
1 Messerspitze Zimt

1 Tarte

Zitronen-Tartelettes mit Himbeeren und Mascarpone

Wenn zarte Himbeerchen auf einer Zitronencreme gebettet werden, dann hat das für mich echtes Lieblingstarte-Potential! Diese Tarte ist sommerlich erfrischend und trotz des Mascarpones liegt sie wirklich nicht schwer im Magen.

Den Mürbeteig nach der Anleitung auf Seite 84 zubereiten und auf vier Tarletteformen verteilt backen. Den Ofen nicht ausschalten. ★ Die Eier und den Zucker mindestens 3–5 Minuten lang schaumig rühren. ★ Auch die Crème double und die Zitronenschale glatt verrühren und unter die Eiermasse mischen. Zum Schluss den Zitronensaft einrühren, bis eine homogene Masse entsteht. ★ Die Füllung auf den vorgebackenen Tartelettes verteilen, weitere 30 Minuten lang im heißen Ofen backen. Anschließend komplett auskühlen lassen. ★ Den Mascarpone mit dem Puderzucker verrühren. ★ Die Tartelettes mit der Mascarponecreme und den Himbeeren nach Belieben dekorieren. ★ **Fertig!**

ZUTATEN

1 Portion Mürbeteig-Boden nach Rezept auf Seite 84

Für die Füllung
2 Eier
100 g Zucker
100 g Crème double
Saft und Schale von
2 unbehandelten Zitronen

Für die Dekoration
200 g Mascarpone
1 EL Puderzucker
100 g Himbeeren

4 Tartelettes

Tarte Tatin
mit Ananas

Eine Tarte, die umgedreht gebacken wird? Das hat mich immer fasziniert und aus irgendeinem Grund dachte ich, es sei sicherlich wahnsinnig kompliziert. Dieses Rezept beweist das Gegenteil!

Den durchgekühlten Mürbeteig ausrollen und den Ofen auf 175 °C vorheizen. ★ Den Strunk und die Schale der Ananas entfernen und das Fruchtfleisch in Ringe oder Stücke schneiden. ★ Nun in einer feuerfesten Pfanne den Puderzucker erhitzen, bis er karamellisiert, dann die Butter einrühren. Sobald der Karamell eine goldgelbe Farbe bekommt, die Ananas darin dünsten. Die Ananas mehrfach wenden und mit dem Kardamom würzen. Die Pfanne vom Herd nehmen. ★ Den Teig vorsichtig über den Pfanneninhalt legen und an den Seiten leicht herunterdrücken, sodass alles gut zugedeckt ist. Auf der mittleren Schiene im vorgeheizten Ofen ca. 30 Minuten lang backen und anschließend sofort auf einen Teller oder eine Kuchenplatte stürzen. ★ Vollständig auskühlen lassen und vor dem Servieren mit etwas Puderzucker bestäuben. ★ **Fertig!**

Tipp: Einen Schlag Sahne oder eine Kugel Vanilleeis dazu!

ZUTATEN

1 Portion Mürbeteig-Boden nach Rezept auf Seite 84
1 Ananas
8 EL Puderzucker + etwas zum Servieren
2 EL Butter
1 Prise gemahlener Kardamom

1 Tarte

Schwarzwälder Kirschtarte

Die Schwarzwälder Kirschtorte ist wohl der deutsche Tortenklassiker schlechthin. Weil sie mir jedoch oft viel zu mächtig und arbeitsaufwendig ist, habe ich sie einfach zu einer Tarte uminterpretiert, die verhältnismäßig schnell auf der Kaffeetafel landet.

Den Schokoladenboden nach der Anleitung auf Seite 84 zubereiten, backen und auskühlen lassen. ★ 4 EL der Flüssigkeit der Kirschen mit der Stärke verrühren. Die Kirschen mit der restlichen Flüssigkeit und dem Zucker in einem Topf aufkochen lassen. ★ Die Stärkemischung in die kochenden Kirschen einrühren. Sobald die Masse eindickt, den Topf vom Herd nehmen und den Inhalt abkühlen lassen. ★ Die Sahne zusammen mit dem Vanillezucker und dem Sahnesteif steif schlagen und eine kleine Menge davon direkt in einen Spritzbeutel geben. ★ Auf dem ausgekühlten Schokoladenboden erst die Kirschen verteilen, dann alles mit der Sahne bestreichen. Die Schokoladenraspel auf der Sahne verteilen und mit dem Spritzbeutel um den Rand kleine Sahnetuffs spritzen. ★ Auf jedem Sahnetuff eine Belegkirsche platzieren. ★ **Fertig!**

ZUTATEN

1 Portion Schokoladenboden nach Rezept auf Seite 84
630 g Kirschen aus dem Glas (inkl. Kirschsaft)
3 EL Stärke
3 EL Zucker
350 g Sahne
1 Päckchen Vanillezucker
1 Päckchen Sahnesteif
50 g Schokoladenraspel
50 g Belegkirschen

1 große Tarte

Aus dem Eisschrank

Jetzt wird's eiskalt! Denn Eiscreme geht einfach immer. Sie rutscht prima in die kleinen Lücken im Bauch!

Als ich meine Leidenschaft für das Eismachen entdeckte, habe ich irgendwann das Geld investiert und mir eine kleine Eismaschine zugelegt. Aber es geht natürlich auch ganz einfach ohne: Die Eismasse ggf. auf Zimmertemperatur herunterkühlen und in einer flachen Schüssel in die Tiefkühltruhe stellen. Nun in regelmäßigen Abständen von ca. 60 Minuten die Eismasse mit einem Schneebesen luftig aufschlagen, bis das Eis die gewünschte Konsistenz erreicht hat.

So gelingen garantiert all die Rezepte, die nun folgen – ganz egal, ob auf Sahnebasis, mit Frischkäse, mit Früchten oder Nüssen!

Der große Vorteil, wenn man per Hand rührt, ist natürlich eindeutig: Bei jedem Rührvorgang muss selbstverständlich mindestens ein Löffel der Eismasse geschmacksgetestet werden!

Blitzeis

Und wenn es mal ganz schnell gehen soll? Dann gibt es Blitzeis! Das ist schnell fertig und von der Herstellung bekommt man Muckis.

Den Orangensaft und den Zitronensaft zusammen mit dem Joghurt und dem Puderzucker glatt rühren. Die Masse in einen kleinen 1-Liter-Gefrierbeutel geben und diesen luftdicht verschließen. ★ Den Beutel in einen 3-Liter-Gefrierbeutel geben, diesen mit dem Crushed Ice auffüllen und 5 EL Salz hinzugeben. ★ Auch den zweiten Beutel fest verschließen, in ein Küchenhandtuch schlagen und so lange kneten und schütteln, bis das Joghurteis im kleinen Beutel gefroren ist. ★ Nun den kleinen Beutel erst aus dem großen herausnehmen, dann das Joghurteis herauslöffeln. ★ **Fertig!**

Tipp: Experimentieren lohnt sich! Fruchtsäfte, Schokosauce oder Karamellcreme? Immer rein damit!

ZUTATEN

Saft von 1 Orange
Saft von ½ Zitrone
300 g Sahnejoghurt
3 EL Puderzucker
Crushed Ice
5 EL Salz

2 Portionen

Hugo-Eispops

**Statt Hugo auf Eis gibt es heute Hugo am Stiel!
Ein moderner Sommerklassiker mal ganz anders.**

1 Limette auspressen. Den Prosecco, den Soda, den Holunderblütensirup, den Limettensaft und 3 Blätter Minze mit Stängel in einem
großen Glas vermischen. Die Minze in der Flüssigkeit zerdrücken, sodass
sich ihre Öle entfalten können, dann wieder herausnehmen. ★ Die
Flüssigkeit auf 4–6 Eisförmchen aufteilen, die zu drei Vierteln gefüllt
werden. ★ Die zweite Limette heiß abwaschen, trocknen und eine
dicke Scheibe abschneiden. Diese in so viele Stücke teilen, wie Holzstiele
benötigt werden. In die Schale mit einem Messer einen Schlitz schneiden und die Scheiben aufspießen. Jeweils ein Minzblatt unter die
Limette klemmen und die Stiele in die Eisförmchen stecken. ★ Das Eis
mindestens 7 Stunden lang, besser jedoch über Nacht gefrieren lassen.
★ **Fertig!**

2 Limetten
200 ml Prosecco
100 ml Soda
30 ml Holunderblütensirup
7–9 Blätter Minze

4–6 Eispops

Mini-Erdbeereis-Gugel

Wer sich nicht zwischen Eis und Pralinen entscheiden kann, macht mit diesen kleinen, süßen Eispralinchen den perfekten Griff. Aber Achtung: Die sind schneller weggehapst, als man gucken kann!

Die Erdbeeren waschen und den Kelch entfernen. Die Erdbeeren mit den restlichen Zutaten fein pürieren und in der Eismaschine nach Betriebsanleitung so lange gefrieren lassen, bis das Eis eine ähnliche Konsistenz wie Softeis hat. ★ Die Eismasse nun in einen Spritzbeutel füllen und in die Mulden einer Mini-Gugelform aus Silikon füllen. Mindestens 3 Stunden lang im Eisfach weiter gefrieren lassen, dann die kleinen Eispralinchen vorsichtig aus der Form drücken. ★ **Fertig!**

Tipp: Die Eispralinchen gelingen auch in Eiswürfel-Formen!

ZUTATEN

200 g Erdbeeren
50 g feinster Zucker
75 g Sahne
75 ml Milch
2 EL Zitronensaft

ca. 18 Eispralinchen

Mein Vorrat
für alle Fälle

Eine kluge Vorratshaltung erleichtert das Leben ungemein. Unerwarteter Besuch steht vor der Tür? Oder der Hunger auf eine süße Leckerei ist plötzlich so stark, dass ganz schnell etwas zusammengerührt werden muss? In solchen Fällen (und vielen mehr!) freut man sich, wenn man ein paar Grundzutaten im Haus hat, mit denen schnell ein paar einfache Leckereien gezaubert werden können. Die großen Umverpackungen, z.B. von Mehl und Zucker, fülle ich gerne in große, verschließbare Vorratsbehälter aus Glas um. Das hat zum einen den Vorteil, dass man immer einen Überblick hat, wie viel gerade noch von welcher Zutat zur Verfügung steht, aber auch, dass die Zutaten luftdicht verschlossen vor Aromaverlust und äußeren Einwirkungen geschützt sind.

Die 10 Lebensmittel zum Backen, die ich immer, immer, immer auf Vorrat habe, habe ich euch hier aufgelistet.
Mit ihnen kann man immer eine süße Kleinigkeit aus dem Ärmel schütteln – auch, wenn sonst nur Senf im Kühlschrank ist!

1. Mehl
2. Zucker
3. Kakaopulver
4. Butter
5. Eier
6. Salz
7. Milch
8. Backpulver
9. Vanillezucker
10. Haferflocken

Pfirsich-Maracuja-Granita

Mit dieser Granita kann man nicht viel verkehrt machen. Und der Erfrischungsfaktor ist nur schwer zu überbieten! Nur über längere Zeit ohne Rühren einfrieren sollte man sie nicht.

Die Pfirsiche mit kochendem Wasser überbrühen und die Haut abziehen. Den Stein entfernen und das Fruchtfleisch grob klein schneiden. Die Maracujas aufschneiden und das Mark herauskratzen. ★ Nun die Pfirsichstücke mit dem Maracujasaft, dem Maracujamark und etwas Zitronensaft fein pürieren. Mit Puderzucker nach Belieben abschmecken. ★ Die Kerne der Maracuja sind recht hart – gegebenfalls können sie nun durch ein Sieb herausgefiltert werden. ★ Anschließend das Fruchtpüree in eine flache Form füllen und diese ins Eisfach stellen. Sobald die Granita anfängt zu gefrieren, immer wieder regelmäßig mit einer Gabel durch die Masse rühren. So weiter bis zur gewünschten Konsistenz verfahren und sofort servieren. ★ **Fertig!**

ZUTATEN

3 Pfirsiche
2 Maracujas
100 ml Maracujasaft
etwas Zitronensaft
2–3 EL Puderzucker

2–3 Gläser

Buttermilch-Zitronen-Eispops

Schon in meiner Kindheit war ein bestimmtes Butter-milch-Zitronen-Eis ganz weit vorn auf meiner Favori-tenliste. Hätte ich damals gewusst, wie schnell und einfach man eine eigene Kreation selbst zusammen-rühren kann, wäre unser Eisfach ständig voller Eis-förmchen gewesen!

Den Zucker und den Zitronensaft so lange rühren, bis sich der Zucker aufgelöst hat. Nun die Zitronenschale, die Buttermilch und das Salz gut unterrühren. ★ Die Eismasse in Eisförmchen einfüllen, einen Holzstiel hineinstecken und im Eisfach mindestens 4–5 Stunden lang komplett durchfrieren lassen. ★ Für den Überzug die Schokolade und das Kokosfett über einem heißen Wasserbad vorsichtig schmelzen und gut miteinander verrühren. Die Schokoladenmasse abkühlen lassen. ★ Die Eispops aus den Förmchen lösen, vorsichtig in die Schokolade tauchen und anschließend noch einmal kurz ins Eisfach legen. ★ **Fertig!**

Tipp: Wer keine Eisförmchen und Holzstiele hat, kann genau so gut ausgewaschene Joghurtbecher und Plastik-löffel nehmen!

Für die Eispops
125 g Zucker
5 EL Zitronensaft
fein abgeriebene Schale von
½ Zitrone
400 ml Buttermilch
1 Prise Salz

Für den Schokoladenüberzug
100 g Zartbitterschokolade
20 g Kokosfett (z.B. Palmin)

4–5 Eispops

Cremigstes Vanilleeis mit Blaubeersauce

»Kann ein Eis zu cremig sein?« – Diese Frage stellte man mir, als ich das erste Mal dieses Eis zubereitete. Ich kaufe ein »n« und löse: Nein! Für mich ist es das ultimative selbstgemachte Vanilleeis und da lasse ich nichts drauf kommen!

Die Eier und die Milch in einem großen Topf gut verrühren. Anschließend den Zucker, das Vanillemark und den Vanillezucker hinzugeben, unterrühren und alles unter ständigem Rühren erhitzen. Die Masse soll nur eindicken und darf nicht kochen, denn sonst gerinnt das Ei. ★ Nach ca. 10 Minuten sollte die Masse so dick sein, dass sie, wenn man einen Löffel hineintaucht, dickflüssig von diesem heruntertropft. ★ Die Masse im Kühlschrank komplett auskühlen lassen. Anschließend die flüssige Sahne hinzugeben und das Eis nach Anleitung der Eismaschine darin zubereiten. ★ Währenddessen die Blaubeeren in einem Topf zum Köcheln bringen. Die Stärke mit dem Wasser glatt rühren und, sobald die Blaubeeren köcheln, zunächst die Hälfte des Stärkewassers unterrühren. Ist die Sauce schon dick genug, ist sie fertig. Ansonsten kann noch die zweite Hälfte bis zur gewünschten Sämigkeit untergerührt werden. ★ Das Eis in Schüsseln portionieren, die heiße Blaubeersauce darübergeben und schnell genießen! ★ **Fertig!**

Für das Eis
3 Eier
210 ml Milch
100 g Zucker
Mark von 1 Vanilleschote
1 Päckchen Vanillezucker
220 g Sahne

Für die Blaubeersauce
1 Glas Blaubeeren (330 ml)
2 TL Stärke
2 EL Wasser

ca. 500 ml

Frischkäse-Eistorte

Eis oder Torte? Ganz einfach: Eistorte!

Die Waffelröllchen in einen Gefrierbeutel geben, diesen verschließen und die Waffeln mithilfe eines Nudelholzes zerkleinern. Anschließend die Butter schmelzen und mit den Waffelbröseln vermengen. ★ Die Masse auf dem Boden einer Springform (20 cm) festdrücken und den Boden kalt stellen. ★ Währenddessen die Eier trennen. Das Eiweiß steif schlagen. In einer zweiten Schüssel die Sahne mit dem Vanillezucker ebenfalls steif schlagen. ★ In einer dritten Schüssel den Frischkäse mit den Eigelben, dem Zucker und dem Salz glatt rühren. Nacheinander die Sahne und das Eiweiß unter die Frischkäsemasse heben, bis eine glatte Masse entsteht. ★ Die Eismasse auf den Boden streichen und mindestens 7 Stunden lang, besser jedoch über Nacht gefrieren lassen. ★ **Fertig!**

ZUTATEN

100 g Waffelröllchen
oder Eiswaffeln
40 g Butter
3 Eier
200 g Sahne
2 Päckchen Vanillezucker
300 g Frischkäse
150 g Zucker
1 Prise Salz

ca. 8 Portionen

Pistazieneis

Meine Liebe für Pistazieneis habe ich verhältnismäßig spät entdeckt – dafür ist sie aber umso größer! Beim ersten Löffel schließe ich die Augen und träume mir den Sommer herbei. Das funktioniert immer!

Die Pistazienkerne zusammen mit dem Puderzucker, dem Salz, der Milch und der Sahne fein pürieren. ★ Anschließend die Pistazienmilch in einen Topf geben, den Vanilleextrakt hinzugeben und die Flüssigkeit kurz aufkochen lassen. ★ In einer Schüssel die Eigelbe gut verrühren. ★ Sobald die Pistazienmilch etwas abgekühlt, aber noch heiß ist, nacheinander zwei Schöpfkellen zum Ei geben und dabei kräftig rühren. ★ Nun die Eiermasse zur restlichen Milch geben, immer weiter kräftig rühren und alles zusammen erhitzen. Die Eismasse soll zwar heiß werden, aber nicht kochen! ★ So lange weiterrühren, bis die Masse eindickt und dickflüssig vom Löffel tropft, dann alles kalt stellen und durchkühlen lassen. ★ Die Eismasse in der Eismaschine nach Bedienungsanleitung gefrieren lassen. ★ **Fertig!**

ZUTATEN

75 g ungesalzene Pistazienkerne
4 EL Puderzucker
1 Prise Salz
250 ml Milch
250 g Sahne
1 TL Vanilleextrakt
4 Eigelb

ca 600 g

Salziges Karamelleis

ZUTATEN

125 g + 3 EL Zucker
400 g Sahne
200 ml Milch
1 Päckchen Vanillezucker
3 Eigelb
1 gestrichener TL Fleur de Sel

ca. 750 g

Ich weiß, dass ich die Latte damit sehr hoch hänge, aber: Das ist das beste Eis, das ich jemals zubereitet habe! Ein Traum von salzigem Karamell.

Den Zucker in einer Pfanne karamellisieren lassen. Sobald der Karamell Farbe bekommt, die Hälfte der Sahne hinzugießen und so lange weiterrühren, bis eine glatte Masse entstanden ist. ★ Den Karamell beiseitestellen. ★ Die restliche Sahne mit der Milch, dem Vanillezucker und den 3 EL Zucker aufkochen. Die Hitze reduzieren und den Topf vom Herd nehmen. ★ Die Eigelbe verrühren und unter ständigem Rühren zwei Schöpfkellen der Milch hinzugeben. Nun die Eiermilch zur restlichen Milch geben und diese so lange erhitzen, bis sie eindickt. ★ Die Flüssigkeit darf nicht kochen, da sonst das Ei gerinnt! ★ Nun die noch warme Milchmischung durch ein feines Sieb in eine Schüssel geben. Den Karamell unterrühren. Zum Schluss das Fleur de Sel untermischen und die Eismasse im Kühlschrank komplett auskühlen lassen. ★ Das Eis nach Betriebsanleitung in der Eismaschine zubereiten. ★ **Fertig!**

Schokoladeneis mit Nuss-Nougat-Swirl

Ich swirl' mir die Welt, widewide wie sie mir gefällt! Und zwar mit der Nuss-Nougat-Creme meines Vertrauens in leckerem Schokoladeneis!

Die Sahne zusammen mit der Milch und dem Vanillemark aufkochen und leicht abkühlen lassen. ★ Die Eigelbe mit dem Zucker gut verquirlen und die heiße Milch darunterrühren. Die Eiermilch zurück in den Topf geben und erhitzen, aber nicht kochen lassen, bis die Masse eindickt. ★ Die Schokolade über einem heißen Wasserbad schmelzen und mit der Eiermilch glatt rühren. Nun alles durch ein Sieb abgießen und im Kühlschrank komplett auskühlen lassen. ★ Anschließend das Eis nach Betriebsanleitung in der Eismaschine auf Softeis-Konsistenz gefrieren lassen. ★ Währenddessen die Nuss-Nougat-Creme zusammen mit der restlichen Sahne und der restlichen Milch erhitzen, glatt rühren und auf Zimmertemperatur abkühlen lassen. ★ Die Eiscreme in eine flache Schüssel geben und die Nuss-Nougat-Sauce mit einer Gabel oder einem Löffel unterziehen. ★ Das Eis im Eisfach noch einmal 4 Stunden lang gefrieren lassen. Vor dem Servieren leicht antauen lassen. ★ **Fertig!**

ZUTATEN

220 g + 2 EL Sahne
210 ml + 2 EL Milch
Mark von ½ Vanilleschote
4 Eigelb
90 g Zucker
120 g gute Zartbitterschokolade
3 EL Nuss-Nougat-Creme

ca. 700 g

Dank

Zuerst möchte ich meinem »großen Kumpel«, I., danken – für die Liebe zum Essen, die du mir mitgegeben hast. Ohne dich wäre ich nicht, wie ich bin, wo ich bin, wer ich bin. Und dieses Buch wäre um einige Rezepte ärmer!

Ich danke dem »Kerl«, T., der sich tapfer mit mir durch dieses Buch gefuttert hat und bei meinen kleinen Nervenzusammenbrüchen stets einen kühlen Kopf bewahrt.

Meinen beiden tollen Fotografinnen, F. und I., sende ich tausend Dank, dass sie so wunderbare Bilder von mir gemacht haben.

Außerdem danke ich M. und »meinen« lieben Bloggerinnen (ihr wisst, wer gemeint ist!) für die stets offenen Ohren und hilfreichen Ratschläge und dem Rest meiner Familie, dass sie mir die Stange gehalten haben, als die Kommunikation im Stress auf der Strecke blieb.

Ich danke meiner lieben Lektorin D. für das Vertrauen, die Geduld, den Spaß und ihre unfassbare Kompetenz – besser hätte es mir nicht passieren können!

Und zu guter Letzt danke ich Jason Mraz. Für die gute und entspannende Musik!

Register
der Rezepte